여행자 메모

여권번호 Passport No.	
비자번호 Visa No.	
항공권번호 Air Ticket No.	
항공권편명 Flight Name	
신용카드번호 Credit Card No.	
여행자수표번호 Traveler's Check No.	
해외여행보험번호 T.A. No.	
항공권 예약	Day : Time : Flight Name : 담당자 :

여행 전에 알아두면 좋은 말

안녕하세요.〈아침〉
굿 모닝
Good morning.

안녕하세요.〈오후/저녁〉
굿 앱터눈 / 굿 이브닝
Good afternoon. / Good evening.

처음 뵙겠습니다.
나이스터 밋츄
Nice to meet you.

안녕히 계십시오.
굿바이
Good-bye.

고마워요.
땡스
Thanks.

급할 때는 손가락으로 콕 집어주세요.

별말씀을요.
유어 웰컴
You're welcome.

미안합니다.
아임 쏘리
I'm sorry.

실례합니다.
익스큐즈 미
Excuse me.

예. / 아니오.
예스 / 노
Yes. / No.

얼마입니까?
하우 머치?
How much?

쾌락은
우리를 자기 자신으로부터 떼어놓지만,
여행은
스스로에게 자신을 끌고 가는 하나의 고행이다.

— Albert Camus —

혼자 가도 당당한
왕초보 여행 영어회화

혼자 가도 당당한
왕초보 여행 영어회화

2012년 12월 20일 1쇄 발행
2015년 5월 15일 4쇄 발행

지은이 Enjc스터디
발행인 손건
마케팅 이언영
디자인 김선옥
제작 최승용
인쇄 선경프린테크

발행처 *LanCom* 랭컴
주소 서울시 영등포구 영신로 38길 17
등록번호 제 312-2006-00060호
전화 02) 2636-0895
팩스 02) 2636-0896
홈페이지 www.lancom.co.kr

ⓒ Enjc스터디 2012
ISBN 978-89-98469-01-6   13740

혼자가도 당당한

왕초보 여행

영어

회화

Enjc 스터디 지음

LanCom
Language & Communication

이 책의 구성 및 특징

단체로 해외여행을 가면 현지 사정에 밝은 가이드가 안내와 통역을 해주기 때문에 말이 통하지 않아 생기는 불편함은 그다지 크지 않을 수 있습니다. 하지만, 외국인을 직접 만나서 대화를 하거나 물건을 구입할 때 등의 경우에서는 회화가 절대적으로 필요하며 여행지에서의 자유로운 의사소통은 여행을 한층 즐겁고 보람차게 해줄 것입니다.

따라서, 이 책은 언어 때문에 부담스러운 여행이 아니라 즐거운 여행이 되도록 도착 공항에서부터 안전하게 귀국할 때까지 그때그때 상황에 맞는 유용한 영어 회화표현만을 엄선하였습니다. 상대방의 이야기를 듣고 천천히 그리고 확실하게 자기가 하고 싶은 말을 할 수 있도록 하였으며, 실제로 해외로 여행을 떠날 때 이 책 한 권을 주머니에 넣고 출발하면 베스트 가이드가 될 것입니다.

이 책은 다음과 같은 특징으로 꾸며졌습니다.

휴대용 여행회화 다이어리

여행지에서 간편하게 가지고 다니면서 쉽게 꺼내볼 수 있도록 한 손에 쏙 들어가는 사이즈로 만들었으며, 다이어리로도 활용이 가능합니다.

간편하고 유용한 표현만을 엄선

영어를 잘 하지 못하는 사람들이 해외로 여행이나 출장 등을 떠날 때 현지에서 유용하게 쓸 수 있도록 여행에서 가장 많이 쓰이는 간편한 표현만을 엄선하였습니다.

여행 스케줄에 맞춘 순서 배열

해외로 여행을 떠나면 반드시 부딪치게 될 공항, 호텔, 식당, 교통, 관광, 쇼핑, 트러블에 이르는 7개의 주요 장면으로 구성하여 여행의 두려움을 없애도록 하였습니다.

찾아서 말하기 쉬운 맞쪽 편집

필요한 장면에 부딪치는 상황이 오면 즉석에서 찾아 바로 활용이 가능하도록 우리말을 먼저 두었으며, 보기 쉽도록 맞쪽으로 편집하였습니다.

왕초보자도 읽을 수 있도록 한글로 영어발음 표기

이 책은 영어회화를 제대로 구사하지 못해도 한글로 읽기 쉽게 우리말 밑에 크게 영어 발음을 달아두었기 때문에 또박또박 발음만 잘 한다면 현지인들도 충분히 알아들을 수 있습니다.

차 례

C O N T E N T S

차 례

Part 5
관광

Part 6
쇼핑

C O N T E N T S

Part 7
트러블

여행준비

해외로 여행을 하려면 무엇보다 사전에 준비가 철저해야 한다. 출국에 앞서 가장 기본적인 준비는 여권 만들기(구여권) → 방문국의 비자취득 (비자면제국가는 제외) → 각종 여행정보 수집 → 국제운전면허증 등 각종 증명서 만들기 → 출국 교통편 정하기 → 숙박 예약 → 환전 및 여행에 필요한 짐 챙기기 등이 있다. 물론 이러한 준비는 여행사를 통해서 간편하게 할 수 있다.

여권(passport)

여권은 외국 여행시 여행자의 신분과 국적을 증빙하고, 그 보호를 의뢰하는 문서로써 해당 기관 즉, 외무부 여권과 및 시청, 구청, 군청 등에서 발급받는다. 발급시의 구비서류는 다음과 같다.

① 여권 발급 신청서:1부
② 여권용 사진:2매(3.5 X 4.5cm 뒷배경은 하얀색)
③ 발급 비용

종 류	유효 기간	수수료	대 상
복수여권	10년	55,000원	만 18세 이상 희망자
	5년	47,000원	만 18세 이상 희망자
			만 8세 이상 ~ 만 18세 미만자
		15,000원	만 8세 미만자
			기간연장 재발급 해당자

	5년 미만	15,000원	국외여행허가대상자
			잔여 유효기간부여 재발급
단수여권	1년	20,000원	1회 여행만 가능
기재사항 변경		25,000원	동반 자녀 분리
			사증란 추가(1회)

④ 주민등록증이나 운전면허증

⑤ 병무 확인서(병역의무자에 한함)

- 여권 발급에 소요되는 기간은 5~7일이나 성수기에는 7~10일 정도가 걸린다.

- 외교통상부

주소 : 서울시 종로구 수송동 80번지 Korean Re
　　　 대한재보험빌딩 4층

전화 : 영사과 확인창구

　　　 (02) 720-0460 / (02) 2100-7500

전화 : 여권과 창구 (02) 2100-7593~4

전화 : 해외이주 창구

　　　 (02) 2100-7578 / (02) 720-2728

비자(visa)

비자는 여행하고자 하는 국가 기관(대사관)에 의뢰하면 입국을 허가하는 공식 문서로써 방문국가가 결정되면 먼저 비자 필요여부를 확인해야 한다. 비자가 필요한 국가들 중에는 방문 목적과

체류기간에 따라 요구하는 구비서류가 다른 경우가 있다. 비자에도 입국의 종류와 목적, 체류기간 등이 명시되어 있으며, 여권의 사증란에 스탬프나 스티커를 붙여 발급하게 된다.

짐을 꾸리기 전에 반드시 확인하자!

여행 일정에 가장 중요한 일은 짐을 꾸리는 일이다. 대충 짐을 꾸렸다가는 여행지에서 낭패를 보기 십상이다. 여행지의 기후나 풍토에 대한 정보를 충분히 알아보고 의식주에 관한 준비를 하는 것이 꼭 필요하다.

여권과 항공권 · 현금 · 신용카드 · 필기도구와 운전면허증 및 각종 서류는 작은 가방에 넣어 별도로 소지하는 것이 좋다.

① 여권 : 사진이 있는 면을 복사해서 여권과 별도로 보관한다.

② 항공권 : 출국과 귀국날짜, 노선, 유효기간을 확인해 둔다.

③ 현지화폐 : 교통비 입장료 등의 소액

④ 여행자수표 : 현금과의 비율은 2 : 8정도

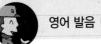

단어를 읽기 위해서는 일정한 발음 규칙이 필요
한데, 이것을 기호로 나타낸 것이 발음기호이다.
발음기호는 괄호 [ ] 안에 표기를 하며 이러한
발음기호가 어떤 소리를 내는지 알면 영어를 자
유롭게 읽을 수 있다.

자음

자음이란 발음을 할 때 공기가 혀나 입, 입술, 입
천장 등에 부딪히며 나는 소리이다. 자음은 [k],
[p], [t]와 같이 성대가 울리지 않는 무성음과
[b], [d], [g]와 같이 성대가 울리는 유성음으로
구성되어 있다.

[p] **pig** [pig 피그] 돼지

[b] **book** [buk 북ㅋ] 책

[t] **tie** [tai 타이] 넥타이

[d] **dream** [driːm 드림] 꿈

[k] **king** [kiŋ 킹] 왕

[g] **girl** [gəːrl 걸] 소녀

[f] **face** [feis 훼이스] 얼굴

[v] **violin** [vàiəlín 바이얼린] 바이올린

[ð] **brother** [brʌ́ðər 브라덜] 형제

[θ]   **three** [θriː 쓰리] 셋

[s]   **sun** [sʌn 썬] 해

[z]   **zoo** [zuː 주우] 동물원

[ʃ]   **shark** [ʃɑːrk 샤ㄹ크] 상어

[ʒ]   **television** [téləvìʒən 텔레비전]
        텔레비전

[tʃ] **chocolate** [tʃɔ́ːkəlit 초컬릿]
        초콜릿

[dʒ] **jean** [dʒiːn 진] 청바지

[l]   **lion** [láiən 라이언] 사자

[r]   **rose** [rouz 로우즈] 장미

[n]   **nose** [nouz 노우즈] 코

[m]   **mail** [meil 메일] 편지

[h]   **hair** [hɛər 헤얼] 머리카락

[ŋ]   **song** [sɔ(ː)ŋ 송] 노래

[j]   **yes** [jes 예스] 네

[w]   **wood** [wud 우드] 나무

모음

모음이란 발음을 할 때 공기가 혀나 입, 입술, 입 천장 등에 부딪히지 않고 공기가 목과 입 안의 울림으로 나는 소리이다. 모든 모음은 성대가 울리는 유성음으로 구성되어 있다.

18

[iː] **teacher** [tíːtʃəːr 티쳐ㄹ] 선생님

[i] **milk** [milk 밀크] 우유

[e] **desk** [desk 데스크] 책상

[æ] **cat** [kæt 캣ㅌ] 고양이

[ɔː] **dog** [dɔ(ː)g 도그] 개

[ou] **boat** [bout 보우트] 보트

[u] **cook** [kuk 쿡ㅋ] 요리사

[uː] **movie** [múːvi 무비] 영화

[ʌ] **cup** [kʌp 컵ㅍ] 컵

[ɔ] **boy** [bɔi 보이] 소년

[au] **house** [haus 하우스] 집

[ai] **pilot** [páilət 파일럿ㅌ] 조종사

[a] **box** [bɑks 박스] 상자

[ɔːr] **morning** [mɔ́ːrniŋ 모닝] 아침

[uər] **poor** [puər 푸얼] 가난한

[iər] **ear** [iər 이얼] 귀

[ɑːr] **bar** [bɑːr 바르] 막대기

[ə] **gorilla** [gərílə 거릴러] 고릴라

[ei] **baker** [béikər 베이커ㄹ] 제과업자

[ɛər] **air** [ɛər 에얼] 공기

[əːr] **bird** [bəːrd 버ㄹ드] 새

A / B / C

Admission free 무료입장

Beware of fire 불조심

Beware of pickpockets 소지품 주의

Beware of the dog 개조심

Business hours 영업시간

Caution 주의

Closed temporarily 임시 휴업

Closed to all vehicles 모든 차량 통행금지

Closed today 금일 휴업

D / E / F

Danger 위험

Detour 우회하시오

Exit / Way out 출구

Fare forward 요금 선불

Fire alarm 화재경보기

Fire escape / Emergency exit 불조심

Fire hydrant 소화전

Fit for drinking 음료수

For sale 매물

Fragile - Handle with care 깨지는 물건 – 취급 주의

G / H / I / K

Go slow 서행

Hand off 손대지 마시오
House to let 셋집 있음
Information 안내소
Keep dry 건조하게 둘 것
Keep off the grass 잔디에 들어가지 마시오
Keep out[off] 접근금지
Keep to the right 우측통행

N

No admittance except on business
  관계자 외 출입금지

No consultation today 금일 휴진
No crossing 횡단금지
No dumping 쓰레기를 버리지 마시오
No nuisance 소변금지
No parking 주차금지

No passing 추월금지
No smoking 금연
No spitting 침을 뱉지 마시오
No trespassing / Dead End 출입금지
No turn 회전금지
No upside down 거꾸로 하지 마시오
No U-turn U턴금지
No visitors allowed 방문사절

Not for sale 비매품
Not in use 사용금지
Now in session 회의 중

O / P

Off limits 출입 제한
On limits 출입 자유
One way only / One side only 일방통행
Opened today 금일 개점
Out of order 고장
Parking area 주차장
Pedestrians' crossing / Cross walk 횡단보도
Please remove your hats 탈모
Premiums offered 경품 증정
Public telephone 공중전화

Q / R

Quiet 조용히
Receptionist 접수자
Reserved 예약 필
Road closed 통행금지
Room for standing only 좌석 만원

S

Safety zone 안전지대

School, go slow 학교 앞. 서행하시오
Shut the door after you 문을 닫으시오
Side entrance 옆문을 이용하시오
Sold 팔린 물건
Sound horn 경적을 울리시오
Speed limit : 40 kph
속도 제한 : 시속 40 킬로미터 이하
Staying open 야간 영업
Stop line 정지선

T / U

The train crew only 승무원 이외 출입금지
Toilet / Lavatory / W.C. / Rest room 화장실
Trash 휴지통
Under construction 공사 중
Under repairs 수리 중

W / Y

Wanted to rent 셋집 구함
Warning : high voltage 위험 : 고압 전류
Watch your step 발밑을 조심하시오
Welcome to all visitors 입장 환영
Welcome to beginners 초심자 환영
Wet paint 페인트 주의
Year-end sale 연말 세일

공항

Part
1

입국심사

방문 목적은 무엇인가요?

왓츠 더 퍼퍼스 업 유어 비짓?

관광인데요.

싸잇씽.

며칠간 머무신가요?

하우 롱 아 유 스테잉?

어디에 머무신가요?

웨어라유 스테잉?

자, 다 됐습니다.

굿. 해버 나이스 스테이.

공항

What's the purpose of your visit?

Sightseeing.

How long are you staying?

Where are you staying?

Good. Have a nice stay.

세관검사

짐은 어디서 찾나요?

웨어 캔아이 겟 마이 배기쥐?

신고할 게 있나요?

두 유 해브 애니씽 투 디클레어?

내용물은 뭔가요?

왓츠 이닛?

이건 뭔가요?

왓츠 디스?

다른 짐은 있나요?

두 유 해브 애니 아더 배기쥐?

Where can I get my baggage?

Do you have anything to declare?

What's in it?

What's this?

Do you have any other baggage?

공항안내소

관광안내소는 어디에 있나요?

웨어리즈 더 투어리슷 인풔메이션 센터?

매표소는 어디에 있나요?

웨어리즈 더 티킷 오퓌스?

출구는 어딘가요?

웨어리즈 더 엑싯?

시내 호텔을 예약해 주실래요?

쿠쥬 리저버 호텔 인 더 씨티?

시내지도를 주시겠어요?

메아이 해버 맵?

Where is the tourist information center?

Where is the ticket office?

Where is the exit?

Could you reserve a hotel in the city?

May I have a map?

시내로 이동

어디서 택시를 타나요?

웨어 캔아이 게러 택시?

버스표는 어디서 살 수 있나요?

웨어 캔 아이 바이 어 버스 티킷?

시내로 가는 버스는 있나요?

인 디스 어 버스 고잉 다운타운?

짐을 트렁크에 넣어 주세요.

플리즈 풋 마이 배기쥐 인 더
트렁크

이 주소로 가 주세요.

테익 미 투 디스 어드레스, 플리즈

Where can I get a taxi?

Where can I buy a bus ticket?

Is there a bus going
downtown?

Please put my baggage in the
trunk.

Take me to this address,
please.

호텔

Part
2

호텔 예약

그 호텔은 어디에 있나요?

웨어리즈 더 호텔 로우케이티드?

공항까지 데리러 오는가요?

쿠쥬 픽 미 업 앳 더 에어폿?

예약을 하고 싶은데요.

아이드 라잌 투 메이커 레저베이션.

숙박요금은 얼마인가요?

하우 머치즈 더 룸 차지?

요금에 아침식사는 포함되어 있나요?

더즈 더 룸 챠지 인클루드
　블렉풔숫?

Where is the hotel located?

Could you pick me up at the airport?

I'd like to make a reservation.

How much is the room charge?

Does the room charge include breakfast?

봉사료와 세금은 포함되어 있나요?

더짓 인클루드 써비스 챠지 앤 택스?

선불인가요?

두 유 니더 디파짓?

얼마나 머무실 건가요?

하우 롱 우쥬 라익 투 스테이?

더블 룸으로 주세요.

어 더블 룸, 플리즈.

체크인은 몇 시부터 할 수 있나요?

하우 쑨 캔 아이 체킨?

Does it include service charge and tax?

Do you need a deposit?

How long would you like to stay?

A double room, please.

How soon can I check in?

체크인해 주세요.

아이드 라익 투 체킨, 플리즈.

예약은 하셨습니까?

디쥬 해버 레저베이션?

한국에서 했는데요.

아이 메이드 원 인 코리아.

아직 예약을 안 했는데요.

아이 해븐 메이더 레저베이션.

성함을 말씀해 주시겠어요?

메아이 해뷰어 네임?

I'd like to check in, please.

Did you have a reservation?

I made one in Korea.

I haven't made a reservation.

May I have your name?

조용한 방으로 주세요.

아이드 라이커 콰이엇 룸.

전망 좋은 방으로 주세요.

아이드 라이커 룸 위더 나이스 뷰.

방을 보여 주실래요?

메아이 씨 더 룸?

좀 더 좋은 방은 없나요?

두 유 해브 애니씽 배러?

좀 더 큰 방으로 바꿔 줄래요?

쿠쥬 기브 미 어 라저 룸?

I'd like a quiet room.

I'd like a room with a nice view.

May I see the room?

Do you have anything better?

Could you give me a larger room?

이 방으로 할게요.

아일 테익 디스 룸.

숙박카드를 작성해 주십시오.

플리즈 필 아웃 더 레지스트레이션 카드.

방 열쇠 여기 있습니다.

히어리즈 유어 룸 키.

귀중품을 보관해 주실래요?

캔 유 킵 마이 밸류어블즈?

짐을 방으로 옮겨 주실래요?

쿠쥬 브링 마이 배기쥐?

I'll take this room.

Please fill out the registration card.

Here is your room key.

Can you keep my valuables?

Could you bring my baggage?

룸서비스

룸서비스 좀 부탁할게요.

룸 써비스, 플리즈.

〈노크할 때 안에서〉 누구세요?

후 이짓?

잠시 기다리세요.

저슷터 모먼, 플리즈.

들어오세요.

플리즈, 커민.

세탁 서비스는 있나요?

두 유 해브 런드리 써비스?

Room service, please.

Who is it?

Just a moment, please.

Please, come in.

Do you have laundry service?

룸서비스

모닝콜 좀 부탁할게요.

아이드 라이커 웨이컵 콜, 플리즈.

아침식사 좀 부탁할게요.

아이드 라익 투 오더 브랙퍼슷, 플리즈.

한국으로 전화를 하고 싶은데요.

아이드 라익 투 메이커 폰 콜 투 코리어.

마사지 좀 부탁할게요.

아이드 라이커 머사쥐, 플리즈.

자, 여기 팁입니다.

히어즈 유어 팁.

I'd like a wake-up call, please.

I'd like to order breakfast, please.

I'd like to make a phone call to Korea.

I'd like a massage, please.

Here's your tip.

호텔시설 이용

식당은 어디에 있나요?

웨어리즈 더 다이닝 룸?

식당은 몇 시까지 하나요?

하우 레이티즈 더 다이닝 룸 오픈?

커피숍은 어디에 있나요?

웨어즈 더 커피 샵?

이메일을 좀 체크하고 싶은데요.

아이 원 투 첵 마이 이메일.

계산은 내 방으로 해 줄래요?

윌 유 차쥐 잇 투 마이 룸?

Where is the dining room?

How late is the dining room open?

Where's the coffee shop?

I want to check my e-mail.

Will you charge it to my room?

방 열쇠 좀 보관해 주실래요?

월 유 킵 마이 룸 키?

택시를 불러 주시겠어요?

우쥬 겟 미 어 택시?

방 번호를 잊어버렸는데요.

아이 풔갓 마이 룸 넘버.

지금 바로 내 방 청소 좀 해 주세요.

플리즈 클린 마이 룸 나우.

저에게 전화가 있었나요?

해즈 애니바디 콜드 미?

Will you keep my room key?

Would you get me a taxi?

I forgot my room number.

Please clean my room now.

Has anybody called me?

호텔에서의 트러블

잠깐 방으로 와 주시겠어요?

쿠쥬 샌드 썸원 업 투 마이 룸?

방이 잠겨 들어갈 수 없어요.

아이 락트 마이셀프 아웃.

방 전구가 나갔는데요.

더 라잇 벌브 번드 아웃 인 마이 룸.

복도에 이상한 사람이 있어요

데어리저 스트레인쥐 퍼슨 인 더 코리더.

옆방이 무척 시끄럽네요.

더 넥슷 룸 이즈 베리 노이지.

Could you send someone up to my room?

I locked myself out.

The light bulb burned out in my room.

There is a strange person in the corridor.

The next room is very noisy.

다른 방으로 바꿔 주세요.

쿠쥬 깁 미 어 디퍼런 룸.

뜨거운 물이 안 나와요.

데어즈 노 핫 워러.

빨리 고쳐 주세요.

쿠쥬 휙싯 나우?

방 청소가 아직 안 되었네요.

마이 룸 해즌 빈 클린드 옛.

타월을 바꿔 주세요.

캔아이 게러 뉴 타월?

Could you give me a different room.

There's no hot water.

Could you fix it now?

My room hasn't been cleaned yet.

Can I get a new towel?

체크아웃

체크아웃은 몇 시인가요?

웨니즈 첵카웃 타임?

몇 시에 출발하실 겁니까?

왓 타임 아 유 리빙?

하룻밤 더 묵고 싶은데요.

아이드 라잌 투 스테이 원 모어 나잇.

하루 일찍 떠나려고 하는데요.

아이드 라잌 투 리브 원 데이 어얼리어.

오후까지 방을 쓸 수 있나요?

메아이 유즈 더 룸 틸 디스 앱터눈?

When is check out time?

What time are you leaving?

I'd like to stay one more night.

I'd like to leave one day earlier.

May I use the room till this afternoon?

체크아웃 좀 부탁할게요.

첵카웃, 플리즈.

맡긴 귀중품을 꺼내 주세요.

아이드 라잌 마이 밸류어블즈 프럼 더
세입.

계산해 주세요.

마이 빌, 플리즈.

전부 포함된 건가요?

이즈 애브리씽 인클루딧?

고마웠어요. 즐겁게 보냈습니다.

땡큐. 아이 인조이드 마이 스테이.

Check out, please.

I'd like my valuables from the safe.

My bill, please.

Is everything included?

Thank you. I enjoyed my stay.

Is everything included?

I have enjoyed my stay.

식당

Part
3

식당 찾기

가볍게 식사를 하고 싶은데요.

아이드 저슷 라익 투 해버 라잇 밀.

근처에 한국 식당은 있나요?

이즈 데어러 코리언 레스터런 니어 바이?

이 근처에 잘하는 음식점은 있나요?

이즈 데어러 굿 레스터런 어롸운 히어?

아 시간에 문을 연 가게는 있나요?

이즈 데어러 레스터런 오픈 앳 디스 타임?

〈가이드북을 보여주며〉 이 가게는 어디에 있나요?

웨어리즈 디스 레스터런?

I'd just like to have a light meal.

I there a Korean restaurant near by?

Is there a good restaurant around here?

Is there a restaurant open at this time?

Where is this restaurant?

예약이 필요한가요?

두 위 니더 레저베이션?

예약하고 싶은데요.

캔 아이 메이커 레저베이션?

디너는 몇 시부터인가요?

왓 타임 두 유 스탓 써빙 디너?

전원 같은 자리로 해 주세요.

위드 라익 투 해버 테이블 투게더.

거기는 어떻게 가나요?

하우 캔 아이 겟 데어?

Do we need a reservation?

Can I make a reservation?

What time do you start serving dinner?

We'd like to have a table together.

How can I get there?

식당 입구

예약은 하셨습니까?

두 유 해버 레저베이션?

예약은 안 했는데요.

위 돈 해버 레저베이션.

몇 분이십니까?

하우 메니 인 유어 파리?

저기요. 여기 앉아도 되나요?

익스큐즈미. 캔 아이 씻 히어?

창가쪽 테이블로 주세요.

위드 라이커 테이블 바이 윈도우,
플리즈

식당

Do you have a reservation?

We don't have a reservation.

How many in your party?

Excuse me. Can I sit here?

We'd like a table by the
window, please.

식사 메뉴

메뉴 좀 주시겠어요?

메아이 해브 더 메뉴?

한국어판 메뉴는 있나요?

두 유 해버 메뉴 인 코리언?

메뉴에 좀 가르쳐 주실래요?

우쥬 헬프 미 위드 디스 메뉴?

무엇을 추천하시겠어요?

왓 두 유 레커멘?

나중에 다시 오실래요?

쿠쥬 컴 백 래이러?

May I have the menu?

Do you have a menu in Korean?

Would you help me with this menu?

What do you recommend?

Could you come back later?

음식 주문

주문하시겠습니까?

아 유 래디 투 오더?

아직 안 정했어요.

낫 옛.

주문 받으세요.

위 아 래디 투 오더.

여기 스페셜 요리는 무언가요?

와리즈 더 스페셜티 옵 더 하우스?

빨리 될 수 있는 게 있나요?

두 유 해브 애니씽 댓츠 퀵?

Are you ready to order?

Not yet.

We are ready to order.

What is the specialty of the house?

Do you have anything that's quick?

이것으로 주세요.

디스 원, 플리즈.

저도 같은 것으로 주세요.

메이킷 투, 플리즈.

저것과 같은 요리를 주시겠어요?

캔 아이 해브 더 세임 디쉬 애즈 댓?

빨리 되나요?

캔 아이 해빗 롸이러웨이?

주문을 바꿔도 되나요?

캔 아이 체인쥐 마이 오더?

This one, please.

Make it two, please.

Can I have the same dish as that?

Can I have it right away?

Can I change my order?

식사를 하면서

저, 여기요!

익스큐즈 미. 웨이러!

이건 어떻게 먹나요?

하우 두 아이 잇 디스

포크를 떨어뜨렸어요.

아이 드랍트 마이 풔크

맛은 어떠십니까?

하우즈 애브리씽?

맛있는데요!

굿. 땡큐.

Excuse me. Waiter!

How do I eat this?

I dropped my fork.

How's everything?

Good. Thank you.

식사를 마칠 때

디저트를 주세요.

아이드 라이커 디저트, 플리즈.

디저트는 뭐가 있나요?

왓 두 유 해브 풔 디젓?

〈디저트를 권할 때〉 아뇨, 됐습니다.

노, 땡큐.

커피만 주세요.

저슷 커퓌, 플리즈.

이걸 치워주시겠어요?

쿠쥬 플리즈 테익 디스 어웨이?

I'd like a dessert, please.

What do you have for dessert?

No, thank you.

Just coffee, please.

Could you please take this away?

술집

어떤 맥주가 있나요?

왓 카인업 비어 두 유 해브?

건배!

치어즈!

한 잔 더 주세요.

어나더 원, 플리즈.

한 병 더 주실래요?

메아이 해브 어나더 원?

제가 사겠습니다.

잇츠 온 미, 플리즈.

식당

What kind of beer do you have?

Cheers!

Another one, please.

May I have another one?

It's on me, please.

식당에서의 트러블

이건 주문을 안 했는데요.

아이 디든 오더 디스.

주문한 게 아직 안 나왔는데요.

마이 오더 해즌 컴 옛.

수프에 뭐가 들어 있어요.

데어즈 썸씽 인 더 숩.

요리가 덜 된 것 같네요.

디씨즈 낫 쿡키드 이넙.

너무 많아서 먹을 수 없네요.

이리즈 모어 댄 아이 캔 잇.

I didn't order this.

My order hasn't come yet.

There's something in the soup.

This is not cooked enough.

It is more than I can eat.

식비 계산

계산 좀 부탁할게요.

저슷 더 빌, 플리즈.

어디서 지불하나요?

웨어 쉘 아이 페이 더 빌?

따로따로 지불하고 싶은데요.

세퍼레잇 첵스, 플리즈.

제가 모두 낼게요.

아일 테익 케어럽 더 빌.

테이블에서 지불할 수 있나요?

캔 아이 페이 앳 더 테이블?

Just the bill, please.

Where shall I pay the bill?

Separate checks, please.

I'll take care of the bill.

Can I pay at the table?

카운터

계산해 주세요.

체크, 플리즈.

전부해서 얼마인가요?

하우 머치즈 잇 얼터게더?

봉사료는 포함되어 있나요?

이짓 인클루딩 더 서비스 챠지?

이 요금은 무언가요?

왓츠 디스 챠지 풔?

계산이 틀린 것 같은데요.

아임 어프레이드 더 첵키즈 륑.

Check, please.

How much is it altogether?

Is it including the service charge?

What's this charge for?

I'm afraid the check is wrong.

Quick please.

How much is it altogether?

Is it including the service charge?

What is this charge for?

교통

Part
4

길을 물을 때

실례합니다!

익스큐즈 미!

〈지도를 가리키며〉 여기가 어딘가요?

웨어라 위 나우?

박물관은 어떻게 가면 되나요?

하우 캔 아이 겟 투 더 뮤지엄?

여기는 무슨 거리입니까?

왓 스트리티즈 디스?

거기에 가려면 택시밖에 없나요?

이저 택시 더 온리 웨이 투 겟 데어?

교통

Excuse me!

Where are we now?

How can I get to the museum?

What street is this?

Is a taxi the only way to get there?

걸어서 몇 분 정도 걸립니까?

하우 메니 미닛츠 바이 워킹?

여기에서 가깝습니까?

이짓 니어 히어?

거기까지 걸어서 갈 수 있나요?

캔 아이 워크 데어?

얼마나 걸리나요?

하우 롱 더짓 테익?

곧장 가세요.

고우 스트레잇.

How many minutes by walking?

Is it near here?

Can I walk there?

How long does it take?

Go straight.

길을 잃었을 때

길을 잃었습니다.

아이 갓 로슷 온 마이 웨이.

실례합니다! 여기는 무슨 거리인가요?

이스큐즈 미! 왓츠 디스 스트릿?

어디 가세요?

웨어라 유 고잉?

이 길이 아닌가요?

엠 아이 온 더 렁 스트릿?

여기가 이 지도에서 어딘가요?

웨어라 위 온 디스 맵?

I got lost on my way.

Excuse me! What's this street?

Where are you going?

Am I on the wrong street?

Where are we on this map?

택시

어디서 택시를 탈 수 있나요?

웨어 캔 아이 게러 택시?

택시!

택시!

우리 모두 탈 수 있나요?

캔 위 올 게린 더 카?

트렁크를 열어 주시겠어요?

우쥬 오픈 더 트렁크?

이 주소로 가 주세요.

테익 미 투 디스 어드레스, 플리즈

Where can I get a taxi?

Taxi!

Can we all get in the car?

Would you open the trunk?

Take me to this address, please.

좀 빨리 가주시겠어요?

쿠쥬 플리즈 허리?

가장 가까운 길로 가세요.

테익 더 숏티스트 웨이, 플리즈.

여기서 세워 주세요.

스탑 히어, 플리즈.

여기서 기다려 주시겠어요?

우쥬 웨잇 훠 미 히어?

얼마예요?

하우 머치 이짓?

Could you please hurry?

Take the shortest way, please.

Stop here, please.

Would you wait for me here?

How much is it?

시내버스

어디서 버스노선도를 얻을 수 있나요?

웨어 캔아이 게러 버스 루트 맵?

표는 어디서 살 수 있나요?

웨어 캔 아이 게러 티킷?

어느 버스를 타면 되나요?

위치 버스 두 아이 게론?

갈아타야 하나요?

두 아이 햅 투 트랜스풔?

여기서 내려요.

아윌 겟 오프 히어.

Where can I get a bus route map?

Where can I get a ticket?

Which bus do I get on?

Do I have to transfer?

I'll get off here.

시외버스

버스 터미널은 어디에 있나요?

웨어리즈 더 디포우?

매표소는 어디에 있나요?

웨어리즈 더 티킷 어퓌스?

돌아오는 버스는 어디서 타나요?

웨어리즈 더 버스탑 풔 고잉 백?

거기에 가는 직행버스는 있나요?

이즈 데어래니 버스 댓 고스 데어
    다이렉틀리?

도착하면 알려 주세요.

텔 미 웬 위 어라이브 데어.

Where is the depot?

Where is the ticket office?

Where is the bus stop for going back?

Is there any bus that goes there directly?

Tell me when we arrive there.

관광버스

여기서 예약할 수 있나요?

캔아이 메이커 레저베이션 히어?

버스는 어디서 기다리나요?

웨어 두 위 웨잇 풔 더 버스?

몇 시에 돌아오나요?

왓 타임 아 위 리터닝?

투어는 몇 시에 어디서 시작되나요?

웬 앤 웨어 더즈 더 투어 비긴?

호텔까지 데리러 오나요?

월 유 픽커스 업 앳 더 호텔?

Can I make a reservation here?

Where do we wait for the bus?

What time are we returning?

When and where does the tour begin?

Will you pick us up at the hotel?

지하철 노선도 좀 주실래요?

메아이 해버 섭웨이 맵?

이 근처에 지하철역이 있나요?

이즈 더 섭웨이 스테이션 니어
히어?

표는 어디서 삽니까?

웨어 캔아이 바이 어 티킷?

자동매표기는 어디에 있나요?

웨어리즈 더 티킷 머쉰?

어디서 갈아탑니까?

웨어 슈다이 체인쥐 트레인스?

May I have a subway map?

Is the subway station near here?

Where can I buy a ticket?

Where is the ticket machine?

Where should I change trains?

매표소는 어디에 있습니까?

웨어즈 더 티킷 윈도우?

예약 창구는 어디입니까?

위치 윈도우 캔 아이 리저버 씨랫?

더 이른 열차는 있습니까?

두 유 해번 얼리어 트레인?

열차는 몇 분 간격으로 옵니까?

하우 오픈 두 더 트레인스 컴?

다음 열차는 급행입니까?

이즈 더 넥슷 트레인 언 익스프레스?

교통

Where's the ticket window?

Which window can I reserve a seat at?

Do you have an earlier train?

How often do the trains come?

Is the next train an express?

109

어디서 갈아타나요?

웨어 슈드 위 체인쥐 트레인스?

6번 홈은 어디입니까?

웨어리즈 플랫폼 넘버 씩스?

〈표를 보여주며〉 이 열차 맞습니까?

이즈 디스 마이 트레인

도중에 하차할 수 있나요?

캔아이 해버 스탑오버?

이 열차는 예정대로 출발합니까?

이즈 디스 트레인 온 스케쥴?

Where should we change trains?

Where is platform No 6?

Is this my train?

Can I have a stopover?

Is this train on schedule?

거기는 제 자리인데요.

댓츠 마이 씻.

이 자리는 비어 있나요?

이즈 디스 씻 테이큰?

식당차는 어디에 있나요?

웨어즈 더 다이닝 카?

표를 잃어버렸는데요.

아이 로숫 마이 티켓.

내릴 역을 지나쳤어요.

아이 미스트 마이 스테이션.

That's my seat.

Is this seat taken?

Where's the dining car?

I lost my ticket.

I missed my station.

비행기

지금 체크인할 수 있나요?

캔 아이 첵킨 나우?

이것은 기내로 가지고 들어갈 짐인데요.

디씨즈 캐리-온 러기쥐.

몇 번 출구로 나가면 되나요?

위치 게잇 슈다이 고 투?

이 짐을 맡길게요.

아이윌 첵 디스 배기쥐.

탑승이 시작되었나요?

해스 보딩 비건?

Can I check in now?

This is carry-on luggage.

Which gate should I go to?

I'll check this baggage.

Has boarding begun?

렌터카

렌터카 카운터는 어디에 있나요?

웨어즈 더 렌터 카 카우너?

얼마나 운전하실 겁니까?

하우 롱 윌 유 니드 잇?

이게 제 국제운전면허증입니다.

히어즈 마이 이너내이셔널 드라이
버즈 라인선스.

보증금은 얼마인가요?

하우 머취 이즈 더 디파짓?

종합보험을 들어 싶은데요.

위드 캄프리헨시브 인슈어런스,
플리즈.

Where's the rent a car counter?

How long will you need it?

Here's my international driver's license.

How much is the deposit?

With comprehensive insurance, please.

긴급연락처를 알려 주세요.

웨어 슈다이 콜 인 케이스 옵 언 이머전시?

도로지도를 주시겠어요?

캔 아이 해버 로드 맵?

이 근처에 주유소가 있나요?

이즈 데어러 개스테이션 니어 바이?

가득 넣어 주세요.

필리럽, 플리즈.

여기에 주차해도 됩니까?

캔 아이 팍 마이 카 히어?

Where should I call in case of an emergency?

Can I have a road map?

Is there a gas station near by?

Fill it up, please.

Can I park my car here?

배터리가 떨어졌습니다.

더 배러리 이즈 데드.

펑크가 났습니다.

아이 가러 플랫 타이어.

수리할 수 있겠어요?

캔 유 리페어릿?

브레이크가 잘 안 듣습니다.

더 브레익스 돈 워크 프라퍼리.

차를 반환할게요.

아일 리턴 더 카.

The battery is dead.

I got a flat tire.

Can you repair it?

The brakes don't work properly.

I'll return the car.

The battery is

I got a flat tire.

Can you repair it?

관광

Part
5

관광안내소

관광안내소는 어디에 있나요?

웨어리즈 더 투어리슷 인풔메이션 어퓌스?

관광지도를 주시겠어요?

캔 아이 해버 싸잇씽 맵?

당일치기로 어디에 갈 수 있나요?

웨어 캔 아이 고우 훠러 데이 트립?

여기서 표를 살 수 있나요?

캔 아이 바이 어 티킷 히어?

할인 티켓은 있나요?

두 유 해브 썸 디스카운 티켓츠?

Where is the tourist information office?

Can I have a sightseeing map?

Where can I go for a day trip?

Can I buy a ticket here?

Do you have some discount tickets?

투어

어떤 투어가 있습니까?

왓 카인덥 투어스 두 유 해브?

투어는 매일 있나요?

두 유 해브 투어즈 애브리 데이?

오늘 투어에 참가할 수 있나요?

캔 아이 조인 투데이즈 투어?

투어는 얼마나 걸리나요?

하우 롱 이즈 더 투어?

무엇을 타고 가나요?

왓 카인돕 트랜스포테이션 윌 위 유즈?

What kind of tours do you have?

Do you have tours every day?

Can I join today's tour?

How long is the tour?

What kind of transportation will we use?

몇 시에 출발합니까?

왓 타임 두 유 리브?

어디서 출발합니까?

웨어 더짓 스탓?

몇 시에 돌아오나요?

왓 타임 윌 위 컴 백?

투어 요금은 얼마입니까?

하우 머취 이짓 풔 더 투어?

그 투어는 자유시간이 있나요?

윌 위 해버니 프리 타임 듀어링
　더 투어?

What time do you leave?

Where does it start?

What time will we come back?

How much is it for the tour?

Will we have any free time
during the tour?

저것은 뭔가요?

와리즈 댓?

여기서 얼마나 머뭅니까?

하우 롱 두 위 스탑 히어?

시간은 어느 정도 있나요?

하우 롱 두 위 해브?

저 건물은 무엇인가요?

와리즈 댓 빌딩?

기념품 가게는 어디에 있나요?

웨어리즈 더 깁트 샵?

What is that?

How long do we stop here?

How long do we have?

What is that building?

Where is the gift shop?

티켓은 어디서 삽니까?

웨어 캔 아이 바이어 티켓?

입장료는 얼마입니까?

하우 머치즈 더 애드미션 퓌?

단체할인은 있나요?

두 유 해버 그룹 디스카운?

이 티켓으로 모든 전시를 볼 수 있나요?

캔 아이 씨 애브리씽 위디스 티켓?

팸플릿은 있나요?

두 유 해버 브로슈어?

Where can I buy a ticket?

How much is the admission fee?

Do you have a group discount?

Can I see everything with this ticket?

Do you have a brochure?

가방을 맡아 주실래요?

메아이 첵 인 마이 백?

그 박물관은 오늘 엽니까?

이즈 더 뮤지엄 오픈 투데이?

재입관할 수 있습니까?

캔 아이 리엔터?

출구는 어디입니까?

웨어리즈 더 에그짓?

화장실은 어디입니까?

웨어리즈 더 레슷 룸?

May I check in my bag?

Is the museum open today?

Can I reenter?

Where is the exit?

Where is the rest room?

여기서 사진을 찍어도 되나요?

메아이 테이커 픽춰 히어?

여기서 플래시를 터뜨려도 되나요?

메아이 유저 플래쉬 히어?

비디오 촬영을 해도 되나요?

메아이 테이커 뷔디오?

사진 좀 찍어 주시겠어요?

우쥬 테이커 픽쳐 업 미?

함께 사진을 찍으시겠습니까?

우쥬 테이커 픽춰 위드 미?

May I take a picture here?

May I use a flash here?

May I take a video?

Would you take a picture of me?

Would you take a picture with me?

좋은 나이트클럽은 있나요?

두 유 노우 어뭐 굿 나잇클럽?

이건 무슨 쇼입니까?

왓 카인덥 쇼우 이즈 디스?

무대 근처 자리로 주시겠어요?

캔아이 해버 테이블 니어 더
스테이지, 플리즈?

어떤 음악을 합니까?

왓 카인덥 뮤직 아유 퍼풔밍?

함께 춤추시겠어요?

윌 유 댄스 위드 미?

Do you know of a good nightclub?

What kind of show is this?

Can I have a table near the stage, please?

What kind of music are you performing?

Will you dance with me?

카지노

이런 복장으로 들어갈 수 있나요?

캔 아이 엔터 드레스드 라익 디스?

구경만 해도 되나요?

캔 아이 저슷 룩?

칩은 어디서 삽니까?

웨어 두 아이 바이 칩스?

그만할게요.

아이 폴드.

정산하고 싶은데요.

아이드 라익 투 캐쉬 아웃.

Can I enter dressed like this?

Can I just look?

Where do I buy chips?

I fold.

I'd like to cash out.

골프를 하고 싶은데요.

위드 라잌 투 플레이 골프

골프 예약을 부탁합니다.

캔 아이 메이커 레저베이션 풔 골프?

오늘 플레이할 수 있나요?

캔 위 플레이 투데이?

스키를 타고 싶은데요.

아이드 라잌 투 스키.

스키 용품은 어디서 빌릴 수 있나요?

웨어 캔 아이 렌트 스키 이큅먼?

We'd like to play golf.

Can I make a reservation for golf?

Can we play today?

I'd like to ski.

Where can I rent ski equipment?

쇼핑

Part
6

가게를 찾을 때

쇼핑센터는 어디에 있나요?

웨어즈 샤핑 몰?

쇼핑을 하려는데 어느 주변이 좋나요?

웨어즈 굿 에어리어 풔 샤핑?

이건 어디서 살 수 있나요?

웨어 캔 아이 바이 디스?

면세점은 있나요?

이즈 데어러 듀티-프리 샵?

이 주변에 백화점은 있습니까?

이즈 데어러 디파러먼 스토어
    어롸운 히어?

Where's shopping mall?

Where's a good area for shopping?

Where can I buy this?

Is there a duty-free shop?

Is there a department store around here?

가게를 찾을 때

편의점을 찾고 있는데요.

아임 룩킹 훠러 컨뷔니언스 스토어.

세일은 어디서 하고 있나요?

후즈 해빙 어 세일?

이 주변에 할인점은 있나요?

이즈 데어러 디스카운 샵 어롸운 히어?

그건 어디서 살 수 있나요?

웨어 캔 아이 바이 잇?

몇 시까지 하나요?

하우 레잇 알 유 오픈?

I'm looking for a convenience store.

Who's having a sale?

Is there a discount shop around here?

Where can I buy it?

How late are you open?

물건을 찾을 때

무얼 찾으십니까?

메아이 핼퓨?

한번 보고 있어요.

아임 저슷 룩킹.

여기 잠깐 봐 주실래요?

헬로, 캔 유 핼프 미?

저걸 보여 주실래요?

우쥬 쇼우 미 댓 원?

이것뿐인가요?

이즈 디스 올?

May I help you?

I'm just looking.

Hello. Can you help me?

Would you show me that one?

Is this all?

물건을 고를 때

그걸 봐도 될까요?

메아이 씨 잇?

몇 가지 보여 주실래요?

쿠쥬 쇼우 미 썸?

이것과 똑 같은 건 없나요?

두 유 해브 애니 모어 라익 디스?

다른 것을 보여 주실래요?

캔 유 쇼우 미 어나더 원?

잠깐 다른 것을 볼게요.

아일 트라이 썸웨어 엘스.

May I see it?

Could you show me some?

Do you have any more like this?

Can you show me another one?

I'll try somewhere else.

색상

무슨 색이 있나요?

왓 카인업 컬러스 두 유 해브?

더 짙은 색이 좋겠는데요.

아이드 프리풔러 다커 컬러.

더 밝은 색은 없나요?

두 유 해버 브라이터 컬러?

더 수수한 것은 없나요?

두 유 해버 플레이너 원?

이것과 다른 색은 있나요?

두 유 해브 디스 인 아더 컬러스?

154

What kind of colors do you have?

I'd prefer a darker color.

Do you have a brighter color?

Do you have a plainer one?

Do you have this in other colors?

디자인

다른 스타일은 있나요?

두 유 해버니 아더 스타일?

어떤 디자인이 유행하고 있나요?

왓 카인돕 스타일 이즈 나우 인 패션?

이런 디자인은 안 좋아해요.

아이 돈 라익 디스 디자인.

다른 디자인은 없나요?

두 유 해버니 아더 디자인?

디자인이 비슷한 것은 있습니까?

두 유 해브 원 위더 씨멀러 디자인?

Do you have any other style?

What kind of style is now in fashion?

I don't like this design.

Do you have any other design?

Do you have one with a similar design?

사이즈

어떤 사이즈를 찾으십니까?

왓 사이즈 아유 룩킹 풔?

사이즈는 이것뿐인가요?

이즈 디스 디 온리 사이즈 유 해브?

사이즈를 재주시겠어요?

쿠쥬 메줘 미?

내 사이즈를 잘 모르겠는데요.

아이 돈 노우 마이 사이즈.

더 작은 것은 없나요?

두 유 해버 스몰러 원?

What size are you looking for?

Is this the only size you have?

Could you measure me?

I don't know my size.

Do you have a smaller one?

사이즈

이걸 입어(신어, 끼워, 걸쳐) 봐도 될까요?

메아이 트롸이 디스 온?

만져도 되나요?

메아이 터치 잇?

피팅룸은 어딘가요?

웨어즈 더 피팅 룸?

사이즈는 어떤가요?

하우 더즈 잇 핏?

어울려요?

하우 두 아이 룩?

May I try this on?

May I touch it?

Where's the fitting room?

How does it fit?

How do I look?

사이즈가 안 맞아요.

잇 더즌 핏.

딱 맞아요.

디씨즈 저슷 마이 사이즈.

좀 크네요.

잇처 리를 투 빅.

여기가 꼭 끼이네요.

잇츠 투 타잇 어롸운 히어.

너무 길어요.

디씨즈 투 롱.

It doesn't fit.

This is just my size.

It's a little too big.

It's too tight around here.

This is too long.

품질

재질은 무엇인가요?

왓츠 디스 메이덥?

질은 괜찮나요?

이즈 디스 굿 퀄러티?

이건 진짜 가죽인가요?

이즈 디스 리얼 래더?

이건 수제인가요?

이즈 디스 핸드 메이드?

손질은 어떻게 하면 되나요?

하우 두 유 테익 케어롭 디스?

What's this made of?

Is this good quality?

Is this real leather?

Is this hand-made?

How do you take care of this?

사용법을 알려 주시겠어요?

쿠쥬 쇼우 미 하우 잇 웍스?

이건 신제품인가요?

이즈 디스 뉴?

이건 신상인가요, 아니면 중고인가요?

이즈 디스 뉴 오어 유스트?

이건 미국제품인가요?

이즈 디스 메이드 인 디 유에스
에이?

이건 어디 브랜드인가요?

이즈 브랜드 이즈 디스?

Could you show me how it works?

Is this new?

Is this new or used?

Is this made in the USA?

What brand is this?

면세점

면세점은 어디에 있나요?

웨어저 듀리 후리 샵?

얼마까지 면세가 되나요?

하우 머취 듀리 후리 캔 아이 바이?

어느 브랜드가 좋겠습니까?

왓 브렌 두 유 서제숫?

이 가게에서는 면세로 살 수 있나요?

캔 아이 바이 씽스 듀리 후리 히어?

여권을 보여 주시겠어요?

메아이 해뷰어 패스폿, 플리즈?

Where's a duty free shop?

How much duty free can I buy?

What brand do you suggest?

Can I buy things duty free here?

May I have your passport, please?

계산은 어디서 하나요?

웨어리즈 더 캐쉬어?

전부해서 얼마나 되나요?

하우 머치즈 잇 올 투게러?

얼마인가요?

하우 머치 이즈 디스?

정가는 얼마인가요?

왓츠 더 레귤러 프라이스?

세금이 포함된 가격인가요?

더짓 인클루드 텍스?

Where is the cashier?

How much is it all together?

How much is this?

What's the regular price?

Does it include tax?

너무 비싸요.

잇츠 투 익스펜시브

더 싼 것은 없습니까?

애니씽 취퍼?

깎아 주시겠어요?

캔 유 기버 디스카운?

더 싸게 해 주실래요?

윌 유 테익 레스 댄 댓?

깎아주면 살게요.

이퓨 디스카운 아일 바이.

It's too expensive.

Anything cheaper?

Can you give a discount?

Will you take less than that?

If you discount I'll buy.

지불방법

이걸로 할게요.

아일 테익 디스.

지불은 어떻게 하시겠습니까?

하우 우쥬 라익 투 페이?

카드도 되나요?

메아이 유저 크레딧 카드?

여행자수표도 받나요?

캔아이 유즈 트레벌러즈 첵스?

영수증을 주시겠어요?

쿠다이 해버 리싯?

I'll take this.

How would you like to pay?

May I use a credit card?

Can I use traveler's checks?

Could I have a receipt?

봉지 좀 주시겠어요?

쿠다이 해버 백?

따로따로 포장해 주세요.

플리즈 랩 뎀 세퍼레이틀리.

이거 넣을 박스 좀 주시겠어요?

이짓 파써블 투 게러 박스 훠 디스?

언제 배달해 주시겠어요?

웬 우딧 어라이브?

제 호텔로 배달해 주시겠어요?

캔 유 딜리버릿 투 마이 호텔?

Could I have a bag?

Please wrap them separately.

Is it possible to get a box for this?

When would it arrive?

Can you deliver it to my hotel?

깨졌어요.

잇츠 브로큰.

여기에 얼룩이 있습니다.

아이 파운더 스테인 히어.

여기에 흠집이 있어요.

이즈 대미지드 히어.

샀을 때는 몰랐어요.

아이 디든 노뤼스 잇 웨나이
보우팃

다른 것으로 바꿔 주세요.

캔 아이 익스체인쥐 잇 풔
어나더 원?

It's broken.

I found a stain here.

It's damaged here.

I didn't notice it when I bought it.

Can I exchange it for another one?

반품하고 싶은데요.

아이드 라익 투 리턴 디스.

아직 사용하진 않았어요.

아이 해븐 유스팃 앳 올.

가짜가 하나 섞여 있더군요.

아이 파운더 훼이크 인클루딧.

산 물건하고 다르네요.

디씨즈 디풔런 프럼 와라이 보웃.

환불해 주시겠어요?

캔 아이 해버 리풘드?

I'd like to return this.

I haven't used it at all.

I found a fake included.

This is different from what I bought.

Can I have a refund?

트러블

Part

7

영어는 못 해요.

아이 캔 스픽 잉글리쉬.

영어로는 설명할 수 없습니다.

아이 캔 익스플랜 이린 잉글리쉬.

그건 무슨 뜻인가요?

왓 두 유 민 바이 댓?

한국어를 하는 사람은 있나요?

더즈 애니원 스픽 코리언?

한국어판은 있나요?

두 유 해브 원 인 코리언?

I can't speak English.

I can't explain it in English.

What do you mean by that?

Does anyone speak Korean?

Do you have one in Korean?

난처할 때

문제가 생겼습니다.

아이 해버 프라블럼.

무슨 좋은 방법이 없을까요?

두 유 해버니 써제스쳔스?

어떡하면 좋을까요?

왓 슈다이 두?

어떻게 해 주십시오.

두 썸씽 어바웃 디스.

화장실은 어디죠?

웨어즈 더 레슷 룸?

I have a problem.

Do you have any suggestions?

What should I do?

Do something about this.

Where's the rest room?

무엇을 원하세요?

왓 두 유 원?

알겠습니다. 다치게만 하지 마세요.

오케이, 돈 헛 미.

시키는 대로 할게요.

와래버 유 쎄이.

뭐야?

후 아 유?

잠깬! 뭘 하는 겁니까?

헤이! 와라유 두잉?

What do you want?

Okay. Don't hurt me.

Whatever you say.

Who are you?

Hey! What are you doing?

그만 두세요.

스타핏!

만지지 말아요!

돈 터취 미!

저리 가!

리브 미 얼론!

다가서지 말아요!

스테이 어웨이 프럼 미!

경찰을 부르겠다!

아일 콜 더 폴리스!

Stop it!

Don't touch me!

Leave me alone!

Stay away from me!

I'll call the police!

분실물 취급소는 어디에 있나요?

웨어리즈 더 로슷 앤 퐈운드?

무엇을 잃어버렸습니까?

왓 디쥬 루즈?

여권을 잃어버렸습니다.

아이 로슷 마이 패스폿.

열차 안에 지갑을 두고 내렸습니다.

아이 랩트 마이 왈릿 온 더 트레인.

어디서 잃어버렸는지 기억이 안 납니다.

아임 낫 슈어 웨어라이 로스팃.

Where is the lost and found?

What did you lose?

I lost my passport.

I left my wallet on the train.

I'm not sure where I lost it.

도난

멈춰! 도둑이야!

스탑! 씨흐!

내놔!

키빗 백 투 미!

저놈이 내 가방을 뺐어갔어요!

히 툭 마이 백!

지갑을 도둑맞았어요!

아이 햇 마이 왈릿 스톨런!

방에 도둑이 들었어요

어 버글러 브로 인투 마이 룸.

194

Stop! Thief!

Give it back to me!

He took my bag!

I had my wallet stolen!

A burglar broke into my room.

교통사고

교통사고를 당했어요.

아이 워즈 이너 카 액시던.

구급차를 불러 주세요.

플리즈 콜 언 앰뷸런싀!

다친 사람이 있어요.

데어리즈 언 인줘드 퍼슨 히어.

렌터카 회사에 연락해 주시겠어요?

우쥬 컨텍 더 카 렌털 컴퍼니?

제 탓이 아닙니다.

잇 워즌 마이 퓔트.

I was in a car accident.

Please call an ambulance!

There is an injured person here.

Would you contact the car rental company?

It wasn't my fault.

의사를 불러 주세요.

플리즈 콜 어 닥터.

의사에게 진찰을 받고 싶은데요.

아임 히어 풔러 닥터스
익재머네이션.

병원까지 데려다 주시겠어요?

쿠쥬 테익 미 투 어 하스피럴?

진료 예약을 하고 싶은데요.

캔 아이 메이컨 어포인먼.

한국어를 아는 의사는 있나요?

이즈 데어러 코리언-스피킹 닥터?

Please call a doctor.

I'm here for a doctor's examination.

Could you take me to a hospital?

Can I make an appointment?

Is there a Korean-speaking doctor?

몸이 안 좋습니다.

아이 돈 필 웰.

배가 몹시 아프네요.

아이 해버 배드 스터먹에익.

구토가 납니다.

아이 필 너지에이티드.

식욕이 없습니다.

아이 돈 해번 애피타잇.

몇 번 토했습니다.

아이 쓰루 어퍼 커플 옵 타임즈.

I don't feel well.

I have a bad stomachache.

I feel nauseated.

I don't have an appetite.

I threw up a couple of times.

감기에 걸린 것 같습니다.

아이 씽카이 해버 콜드.

설사가 심합니다.

아이 해브 뱃 다이어리어.

열이 있습니다.

아이 해버 퓌버.

여기가 아픕니다.

아이 해버 페인 히어.

다쳤습니다.

아이브 인쥬어드 마이셀프

트러블

I think I have a cold.

I have bad diarrhea.

I have a fever.

I have a pain here.

I've injured myself.

약국

감기약을 주세요.

아이 니드 썸 콜드 메더쓴.

위장약은 있나요?

두 유 햅 스터먹 매더쓴?

두통에 잘 듣는 약은 있나요?

두 유 햅 썸씽 풔러 헤드에익?

해열제를 주세요.

아이 원 썸씽 풔러 퓌버.

이 처방전 약을 주세요.

아이 니드 메더쓴 풔 디스
프리스크립션.

I need some cold medicine.

Do you have stomach medicine?

Do you have something for a headache?

I want something for a fever.

I need medicine for this prescription.

☐ I need some...

☐ Do you have something...

☐ Do you have something handier?

☐ I want something for a fever

☐ I have something for a...

여행 스케줄

Date

구경거리	
즐길거리	
먹거리	
숙박	
경비	
기타	

여행 스케줄

구경거리	
즐길거리	
먹거리	
숙박	
경비	
기타	

여행 스케줄

구경거리	
즐길거리	
먹거리	
숙박	
경비	
기타	

여행 스케줄

구경거리	
즐길거리	
먹거리	
숙박	
경비	
기타	

여행 스케줄

구경거리	
즐길거리	
먹거리	
숙박	
경비	
기타	

여행 스케줄

구경거리	
즐길거리	
먹거리	
숙박	
경비	
기타	

여행 스케줄

Date

구경거리	
즐길거리	
먹거리	
숙박	
경비	
기타	

여행 메모

여행 메모

여행 메모

여행 메모

여행 메모

여행 메모

여행 메모

여행 메모

여행 메모

여행 메모